À pas de lo

Au bal sur Saturne

Texte : Carole Tremblay
et la classe de première année de
Nancy Lévesque de l'école Alphonse-Desjardins
Illustrations : Luc Melanson

Dominique et Compagnie

Un beau matin, Rosanne reçoit une
lettre. Elle l'ouvre et s'écrie :
– Le prince de Saturne m'invite à son
bal annuel ! Écoute ça, maman.

La petite fille lit à haute voix :
Chère mademoiselle terrienne,
Tous les soirs, je vous observe avec mon télescope.
Je vous trouve si jolie que je rêve de vous rencontrer.
Me feriez-vous l'honneur de m'accompagner au bal
que je donne samedi prochain ? Mon fidèle Borboro
passerait vous chercher dans la soucoupe royale.

2

– Alors, maman, est-ce que je peux y aller ?

La maman de Rosanne hésite. Ce n'est pas
tous les jours qu'on est invité au bal d'un prince.
Mais Saturne est une planète éloignée. Elle a
un peu peur de laisser sa fille partir toute seule.
– S'il te plaît, maman !
– Bon, d'accord. Mais ne rentre pas trop tard.

Le samedi matin, une soucoupe volante se pose
dans le parterre devant chez Rosanne.
–Si mademoiselle veut bien monter à bord,
dit Borboro, le chauffeur saturnien, en s'inclinant
devant elle.
Rosanne s'empresse de grimper dans la soucoupe.

Une charmante hôtesse de l'espace lui tend
un casque.
–C'est indispensable sur Saturne, lui explique-t-elle.
Comme il n'y a pas d'air, tout le monde doit porter
un casque pour pouvoir respirer.
–Ah bon? s'étonne Rosanne. Et comment on fait
pour manger?
–Une petite trappe invisible s'ouvre aussitôt que
tu approches de la nourriture de ta bouche.
Tu verras, c'est amusant.

Tout excitée, Rosanne met son casque et
boucle sa ceinture de sécurité.

Le voyage est extraordinaire. Juste après avoir croisé la Lune, la soucoupe accélère. Elle va tellement vite que Rosanne a l'impression d'être dans un manège. Par le hublot, les étoiles défilent à la vitesse de la lumière. C'est éblouissant.

La salle de bal est magnifique. Elle est décorée de guirlandes de toutes les couleurs. Sur les tables s'étale un buffet somptueux. Il y a 44 variétés de pizzas. Et elles sont toutes délicieuses.

Rosanne est enchantée d'avoir accepté l'invitation du prince de Saturne.

13

Tout à coup, on sonne les trompettes.
Une gigantesque porte s'ouvre et le prince
fait son entrée.

Il est jeune et beau. Il sourit à Rosanne.
Il avance en tendant la main vers elle.
—C'est comme un rêve, soupire la petite fille.

Soudain, crac ! boum ! cling ! Une fenêtre du palais est fracassée. Un ogre immense passe la tête par l'ouverture.

Les invités s'enfuient en courant vers le fond de la salle.

L'ogre se dirige droit vers Rosanne et l'attrape
avec une de ses grosses pattes. La petite fille hurle
d'effroi.

Le prince ordonne à l'ogre de lâcher son invitée.
Mais l'ogre ne l'écoute pas.

Il ouvre grand sa bouche pleine de dents pointues.
Il soulève Rosanne. Il va bientôt la glisser dans
sa gueule géante quand...

Bing ! clang ! crac ! Un monstre deux fois plus grand défonce la porte et fait son entrée dans la salle de bal.

Aaaahhhhhhh ! Les invités poussent un nouveau hurlement et courent se réfugier à l'autre bout de la salle.

Le monstre géant est une ogresse ! C'est la maman
de l'ogre qui veut manger Rosanne. Elle n'a pas
l'air contente. Elle attrape son fils par une oreille
en grondant :
— Fiston, laisse cette terrienne immédiatement !

Le jeune ogre tape du pied. Il refuse d'obéir.
—Allez, tout de suite ! hurle la maman en secouant
maintenant les deux oreilles de son fils. Combien
de fois faut-il te répéter qu'il est interdit de manger
des gens le mardi et le samedi ?

Le jeune ogre lâche Rosanne avant que sa mère lui arrache les oreilles. La petite fille tombe… Ahhhhh !

Heureusement, le prince de Saturne n'est pas très loin. Il court et attrape Rosanne dans ses bras juste à temps. Fiou !

Le prince, éperdu d'amour, se penche pour embrasser Rosanne. Mais… toc ! leurs casques se cognent l'un contre l'autre. Et… boum ! ils tombent tous les deux dans les pommes.

Une fois que Rosanne et le prince ont repris connaissance, le bal peut continuer.

On danse, on mange de la pizza, on boit de la limonade. Il y a des gâteaux de toutes les formes et de toutes les couleurs.

Quand vient l'heure de partir, Rosanne remercie le prince de Saturne pour son invitation. Elle promet de revenir le visiter quand il le voudra. À condition que ce soit...

... un mardi ou un samedi !